English-Spanish
Inglés-Español

For Ages 4–7
De 4 a 7 años

Words Are Not for Hurting
Las palabras no son para lastimar

Elizabeth Verdick

Ilustrado por Marieka Heinlen
Traducido por Alejandra Schmidt

free spirit
PUBLISHING®

Library of Congress Cataloging-in-Publication Data

Verdick, Elizabeth.

[Words are not for hurting. Spanish & English]

Words are not for hurting / Elizabeth Verdick ; illustrated by Marieka Heinlen ; translated by Alejandra Schmidt = Las palabras no son para lastimar / Elizabeth Verdick ; ilustrado por Marieka Heinlen ; traducido por Alejandra Schmidt.

p. cm.

Spanish and English.

ISBN 978-1-57542-312-8

1. Conversation—Juvenile literature. 2. Etiquette for children and teenagers. I. Heinlen, Marieka. II. Title. III. Title: Palabras no son para lastimar.

BJ2121.V4718 2009

177'.2—dc22

2008034741

ISBN: 978-1-57542-312-8

Cover and interior design by Marieka Heinlen
Edited by Marjorie Lisovskis
Translation edited by Dora O'Malley

Printed by: 590835
Printed in: China

Free Spirit Publishing
An imprint of Teacher Created Materials
9850 51st Avenue North, Suite 100
Minneapolis, MN 55442
(612) 338-2068
help4kids@freespirit.com
freespirit.com

FSC
www.fsc.org
MIX
Paper from responsible sources
FSC® C155903

For my children, Olivia and Zachary.
Every day, you teach me more about love and
patience, and you always make me smile.
—E.V.

Para mis hijos, Olivia y Zachary.
Cada día me enseñan más acerca del amor y
de la paciencia, y siempre me hacen sonreír.
—E.V.

For my mother and father,
whose words of encouragement
helped me believe in myself.
—M.H.

Para mis padres, cuyas palabras de
aliento me ayudaron a creer en mí.
—M.H.

Dear Parents and Caregivers,

Children are known for saying whatever comes to mind. Their words—so often funny, surprising, and insightful—are a window into their feelings. There are times when we hear children saying something mean or hurtful. They might tease another child, for example, or make unkind comments about someone's appearance. They might shout, or even swear. What's behind these words? Often feelings of anger, sadness, rejection, confusion, or fear. Just like adults, children may lash out with a raised voice or hurtful words.

All of us, young and old alike, can learn to choose our words wisely. We can think before we speak and make an effort to use words that convey kindness and respect.

Most important, we can apologize when something we've said has hurt someone else. Those two little words, "I'm sorry," are sometimes so hard for us to say. But the more we practice them, the better we get at it. And those two little words can make all the difference!

Elizabeth

P.S. On pages 28–30, you'll find activities, discussion starters, and other resources that reinforce the message of using helpful, not hurtful, words.

Queridos padres y educadores:

Sabemos que los niños dicen lo primero que se les viene a la mente. Estas palabras —muchas veces divertidas, sorprendentes y astutas— son una ventana a sus sentimientos. A veces escuchamos a los niños decir palabras negativas o hirientes cuando, por ejemplo, se burlan de otro niño o bromean acerca de la apariencia de alguien. Pueden hacerlo gritando o incluso maldiciendo. ¿Qué esconden estas palabras? A menudo rabia, tristeza, rechazo, confusión o miedo. Al igual que los adultos, los niños a veces contestan subiendo el tono de la voz o usando palabras hirientes.

Todos nosotros, grandes y pequeños por igual, podemos aprender a escoger prudentemente nuestras palabras. Podemos pensar antes de hablar y esforzarnos en usar palabras amables y respetuosas.

Y aún más importante, podemos disculparnos si hemos lastimado a alguien. A veces nos resulta muy difícil decir estas dos palabras: "Lo siento". Pero mientras más las usemos, más fácil será acceder a ellas. Y estas dos palabras pueden hacer gran diferencia.

Elizabeth

P.D. En las páginas 31–33, encontrarán actividades, temas de conversación y otras herramientas que apoyan el mensaje de usar palabras amables y no palabras que lastiman.

See page 28 to learn more about the Spanish alphabet.

Vea la página 31 para aprender más sobre el alfabeto español.

Did you know you can make *millions* of words with just these letters?

¿Sabías que con solo esas letras puedes formar *millones* de palabras?

Nn Ññ Oo Pp Qq Rr Ss Tt Uu Vv Ww Xx Yy Zz

Some words are super short.

Algunas palabras son cortas.

Some words are really *loooong.*

Algunas palabras son muy *laaaargas.*

And some are just plain silly.

Otras son simpáticas.

Words help you say lots of important things.

Las palabras nos ayudan a decir muchas cosas importantes.

"Thank you for helping me."

"Gracias por ayudarme".

"You're welcome."

"De nada".

Sometimes your words are LOUD!
And sometimes your words are soft.

Algunas palabras suenan FUERTE.
Y algunas veces suenan suave.

Sometimes your words are funny.

Algunas palabras son divertidas.

"Knock knock."

"Toc toc".

"Who's there?"

"¿Quién es?"

Sometimes you even sing them.

Algunas se pueden cantar.

Your words belong to you.
You choose what to say and how to say it.

Las palabras son tuyas. Tú eliges qué decir y cómo decirlo.

Your words can hurt or your words can help.

Las palabras pueden lastimar o pueden agradar.

These are helpful words:

"Let's work together."

"Trabajemos juntos".

"Do you want to share this with me?"

"¿Quieres compartir esto conmigo?"

Estas son palabras agradables:

"I'm glad we're friends."

"Me gusta que seamos amigos".

"We can take turns."

"Podemos turnarnos".

These are hurtful words:

"You can't play with us."

"No puedes jugar con nosotros".

"Your clothes are ugly."

"Tu ropa es fea".

Estas palabras lastiman:

"You're stupid."

"Eres una tonta".

"Get out of here!"

"¡Fuera de aquí!"

Words are not for hurting. When you hear hurtful words, how do you feel? Maybe . . .

Las palabras no son para lastimar. ¿Cómo te sientes cuando escuchas palabras que lastiman? Quizás . . .

Mixed up

Confundida

Left out

Olvidada

When you say hurtful words, how do you feel?

¿Cómo te sientes cuando dices palabras que lastiman?

Maybe you feel sorry and wish you hadn't said them.

Quizás te arrepientes y deseas no haberlas dicho.

There's something you can do.
You can take them back. Like this:

"I shouldn't have said those things."

"No debí haber dicho esas cosas".

Hay algo que puedes hacer.
Puedes arrepentirte y decir:

"I didn't mean it."

"No quise lastimarte".

Here are two other words you can say: "I'm sorry."

Estas son otras dos palabras que puedes decir: "Lo siento".

Those two little words can be a BIG help.

Estas dos palabras son de GRAN ayuda.

When you hear hurtful words,what can you do?
You can say: "Words are not for hurting. Please don't say those things."

Si escuchas palabras que lastiman, ¿qué puedes hacer?
Puedes decir: "Las palabras no son para lastimar.
Por favor, no digas estas cosas".

Or you can tell a grown-up.

O puedes pedir ayuda a un adulto.

Your words are important. If you think before you speak, you can use your words well.

Las palabras son importantes. Si piensas lo que vas a decir, usarás mejor las palabras.

It takes only 26 letters to make millions of words in English . . .

Con sólo 27 letras puedes formar millones de palabras en español . . .

. . . so you have lots of words to choose from!

. . . ¡y tendrás muchas palabras para elegir!

You can tell this to yourself and to others:

"Words are not for hurting."

Puedes decirle a los demás y a ti mismo:

"Las palabras no son para lastimar".

Activities and Discussion Starters

How We Use Words

Fun with Words

Talk about how we use words to greet others, tell stories, sing songs, ask questions, and much more. Talk about words that rhyme, words that are silly, or words that are very short or long.

Words in Different Languages

If some children speak a second language, ask them to teach a few new words to the other kids. Imagine a world without words—what would it be like if we couldn't communicate with each other verbally.

NOTE: In Spanish, "ch" and "ll" are letters, too. These letters are made by pairing two letters together. They are generally written as "ch" or "ll" and "Ch" or "Ll."

"Talking" Without Words

What Your Face Says

Help children understand that we "talk" with more than our mouth—our face also sends messages about what we are thinking or feeling. Have children make faces to match feelings such as happy, sad, mad, scared, or excited. Let each child see his or her expressive face in a hand mirror. Ask others how the child is feeling and how the child's face shows it. Discuss how facial expressions can be hurtful or helpful. Ask how children would feel if someone scowled at them and said, "You can't play with us." Next, talk about ways they could help someone who's wearing a sad or scared expression.

What Your Body Says

Introduce the idea of body language by explaining how our actions and gestures may "talk" for us and show how we feel. Demonstrate some body language yourself: lower your head to show that you feel sad or shy; stomp your foot to show anger; shrug your shoulders to suggest that you're unsure; take a step backward and hold your arms inward to show fear. Turn to pages 4–7 and 12–13 in this book to see children and adults using different body language. Ask what each person might be thinking or feeling. Invite volunteers to show how they might respond to these feelings in helpful ways.

What Your Mind Says

Ask children how they talk to themselves inside their head. Is there a voice saying kind things like "You can do it" or "That was a good try"? Talk about how words inside our head can be helpful or hurtful. When we tell ourselves something positive ("I will try my hardest"), we feel stronger and we're more likely to succeed. When we tell ourselves something negative ("I better not try because I might fail"), we feel discouraged and less likely to succeed. Help each child think of one positive message to think throughout the day such as "I can do it."

Positive Ways to Use Words

"Feelings" Words

Children can learn to recognize their feelings and put their emotions into words. Once they have words for their feelings, children are better able to recognize and respond to the feelings of others. Talk about words that describe how we feel: happy, sad, cranky, mad, worried, lonely, surprised, nervous, excited, sleepy, and so on. Act out some of the emotions using clear facial expressions and body language. Have the children act out telling someone how they feel: "I am sad." "I feel so excited!" "I am angry."

Polite Words

Point out that "please" and "thank you" are among the most helpful words people use. To show the importance of polite words, give examples of not using them ("Get off the swing!") and of using them ("May I please have a turn on the swing?"). Talk about how it feels to do something nice for someone but not hear a "thank you." Ask how it would feel if someone bumped into them and never said "Excuse me" or "Sorry." Practice saying polite words. Compliment children whenever you overhear them using good manners.

Tone of Voice

Tone of voice can make a difference in how others interpret and respond to our words. To give children an example of how this works, you might use a loud, demanding tone of voice and say, "It's MY turn to go first! You always go first and it's not FAIR!" Next, use different words and a different, gentler tone of voice: "It's my turn to go first now. You went first last time, and it's only fair that I get a chance, too." Ask how it feels to hear the words spoken both ways.

Talk About It

This book tells children two important concepts: *Your words belong to you* and *Think before you speak*. Ask children what each idea means. Explain that our words come from our head and our heart—we use words to express how we think and feel, and this is why our words are ours.

It isn't uncommon for children to choose to blame someone else for something hurtful they have said.

You might hear a child say, "Luis told me to say it!" or "She said it first!" Talk about how each person must take responsibility for what he or she says. Discuss why shifting blame to someone else doesn't help.

Suggest that, the next time they are about to say something hurtful or mean, they take a deep breath instead and count to 5 in their head. After thinking about it, can they come up with a better, kinder way to say what they feel? Or can they decide to say nothing at all?

Words That Hurt

Mean, Angry Words

Ask children if words can hurt. Why or why not? What are some examples of hurtful words (name-calling, teasing, etc.)? Talk about how it feels to be teased, yelled at, or called a rude name. Also talk about how it feels to tease others. Does this lead to good feelings? Why or why not?

A Word to Grown-Ups

Young children listen to our words, even when we think they aren't listening. They may overhear grown-ups yelling, cursing, gossiping, criticizing, or saying unkind things. Children may then imitate what they hear. As adults, we can make an effort to choose words that are kind, loving, and peaceful. If we slip, we can acknowledge it, apologize, and let children know that we'll try harder next time.

"Bad" Words

Children may swear to express anger, to test their boundaries, or simply because they've heard the words and don't yet realize the effect they have. Talk about how such words make others feel: upset, angry, embarrassed, uncomfortable. You can help children understand that using inappropriate words has consequences, such as a brief time-out.

Words That Help

Questions

Children need to know that asking a question is a great way to find out more—whether they're confused about something or simply curious. Help them understand that asking questions can help them learn and feel confident.

Role-play situations in which children need to ask questions: for example, if they are lost, if they need help understanding a task, or if they don't know the rules to a game.

Compliments

Talk about compliments—what they are and why they leave others with a good feeling inside. Encourage children to offer a sincere compliment to someone else, and then to practice responding positively to a compliment someone gives them. Throughout the day, make a point of offering children encouragement: "I appreciate how you don't give up when you work on something challenging." "I like the colors you chose for your drawing because they are so bright and cheery."

Assertive Words

Talk about the importance of sticking up for yourself when someone says something hurtful—and for sticking up for others who are teased as well. Offer examples of ways to use words assertively: "Words are not for hurting." "That hurts my feelings." "Please stop saying things like that."

"I'm Sorry"

Young children are still in the process of learning to take responsibility for their words and actions. They often need encouragement when it comes to acknowledging a mistake or apologizing for something they've done. Talk about how two little words, "I'm sorry," can be so important when communicating with others. Point out that apologizing helps the other person feel better. Sometimes, saying "I'm sorry" can stop an argument or prevent it from getting worse. Have children practice different ways to apologize. They might say, "I'm sorry," "I didn't mean what I said," or "Can you please forgive me?" Sometimes people who have been fighting make peace by shaking hands or giving each other a hug. Talk about why these actions can help.

Words for Getting Help

Saying "No"

Help children understand that there are times when we may need to use our voice, our words, and our body language to tell others "no." Children who practice saying the word "no" or who role-play taking action are more likely to stand up for themselves if they do face a situation in which they need help from a grown-up. Give each child a chance to act out asking for help in an emergency or in an uncomfortable situation.

Getting Help When Needed

Let children know they can find a grown-up who can help when they are in a difficult situation. Talk about adults they can go to for a ssistance—parents, grandparents, aunts or uncles, teachers, childcare providers, baby-sitters, and so on. Help them find words they can use to ask for help: "I'm scared the kids on the playground will hurt me. What can I do?" "There is a lot of yelling and fighting in my home. I'm scared. Can you help me?"

NOTE: If you suspect that a child is being abused, contact your local Social Service Department, Child Welfare Department, Police Department, or District Attorney's office. If you teach in a public or private school setting, consult first with your school principal or director to learn the established course of action.

Actividades y temas para conversar

Cómo usamos las palabras

Las palabras son divertidas

Hable acerca de cómo usamos las palabras para saludar a los demás, contar cuentos, cantar canciones, hacer preguntas y mucho más. Hable acerca de las palabras que riman, las chistosas, las muy cortas o las muy largas.

Palabras en distintos idiomas

Si algunos niños hablan un segundo idioma, pídales que les enseñen algunas palabras nuevas a los otros niños. Imaginen un mundo sin palabras: ¿cómo sería si no pudiéramos comunicarnos verbalmente con los demás?

NOTA: En español, la "ch" y la "ll" son también letras. Esas letras se forman usando dos letras juntas. Generalmente se escriben "ch" o "ll" y "Ch" o "Ll".

"Hablando" sin palabras

Qué dice tu rostro

Ayude a los niños a comprender que para "hablar" no sólo usamos la boca: nuestro rostro también envía mensajes acerca de los que pensamos o sentimos. Pídales a los niños que hagan caras para expresar sentimientos de alegría, tristeza, enojo, miedo o entusiasmo. Deje que se miren en el espejo mientras expresan esos sentimientos. Pregunte a los otros niños qué siente el niño o qué expresa su cara. Converse acerca de cómo nuestras expresiones pueden lastimar o agradar. Pregúnteles cómo se sentirían si alguien los mirara con el ceño fruncido y les dijera "No puedes jugar con nosotros". Luego conversen sobre cómo podemos ayudar a alguien que tiene una expresión triste o de miedo.

Qué dice tu cuerpo

Comience a hablar del lenguaje corporal explicando cómo nuestras acciones y gestos pueden "hablar" por nosotros y reflejar lo que sentimos. Sirva de ejemplo: pise fuerte para demostrar rabia, levante los hombros para reflejar inseguridad, dé un paso hacia atrás y sujete sus brazos contra el pecho. Vaya a las páginas 4–7 y 12–13 de este libro para mirar cómo algunos niños y adultos usan el lenguaje corporal. Pregunte qué le pasa o qué siente cada una de esas personas. Invite a algunos voluntarios para que muestren cómo responder a esos sentimientos en forma amable.

Qué dice nuestra mente

Pregúnteles a los niños cómo se hablan a ellos mismos dentro de sus cabezas. ¿Escuchan una voz que les dice cosas amables como "tú puedes" o "ése fue un buen intento"? Converse acerca de cómo nuestra voz interior puede lastimar o agradar. Cuando nos decimos cosas positivas ("Voy a hacerlo lo mejor que pueda"), nos sentimos capaces de triunfar. Cuando nos decimos cosas negativas ("Mejor no trato porque no lo lograré"), nos sentimos desanimados y posiblemente fracasaremos. Ayude a los niños a pensar durante el día en un mensaje positivo como "Yo puedo".

Maneras positivas de usar las palabras

Palabras "con sentimientos"

Los niños pueden aprender a identificar sus sentimientos y expresarlos con palabras. Una vez que conozcan las palabras que identifican sus propios sentimientos, es más probable que puedan reaccionar y responder a los sentimientos de los demás. Hable acerca de palabras que describen cómo nos sentimos: alegría, tristeza, malhumor, enojo, preocupación, soledad, sorpresa, nerviosismo, entusiasmo, cansancio, etc. Actúe alguno de esos sentimientos usando las expresiones del rostro y el lenguaje corporal. Pídale a los niños que actúen sus sentimientos o que digan lo que sienten: "Estoy triste", "¡Estoy muy entusiasmado!", "Estoy enojado".

Palabras amables

Indique que "por favor" y "gracias" son dos de las palabras más amables que podemos utilizar. Para enseñar la importancia de las palabras que son amables dé ejemplos de cuando no las usamos ("Bájate del columpio") y de cuando sí las usamos ("Por favor, ¿puedo usar el columpio?"). Hable de cómo nos sentimos cuando hacemos algo bueno por una persona y no recibimos un "gracias". Pregúnteles cómo se sentirían si alguien los empujara sin decir "perdón" o "permiso". Practiquen algunas palabras amables. Felicite a los niños cuando los escuche ser educados.

Tono de voz

El tono de voz puede hacer una gran diferencia en cómo los otros reciben y responden a nuestras palabras. Como ejemplo, suba el tono de voz y con voz demandante diga "¡A MÍ me toca primero! ¡Tú siempre vas primero y no es JUSTO!". Luego use otras palabras y un tono de voz más amable: "Ahora es mi turno. A ti te tocó primero la última vez y es justo que ahora sea mi turno". Pregúntele qué sintieron al escuchar las dos versiones.

Hable del tema

Este libro le enseña a los niños dos conceptos importantes: *Las palabras son tuyas* y *Piensa antes de hablar.* Pregúnteles qué significan estas frases. Explíqueles que las palabras salen de la cabeza y del corazón: usamos las palabras para expresar lo que sentimos, por eso las palabras nos pertenecen.

No es raro que los niños le echen la culpa a otro de las palabras hirientes que han dicho. Es probable que escuche a algún niño decir: "¡Luis me dijo que lo dijera!" o "¡Ella lo dijo primero!". Enséñeles que cada uno debe ser respondable de lo que dice. Explíqueles qué echarle la culpa a otro no ayuda en nada.

Sugiérales que la próxima vez respiren profundo y cuenten mentalmente hasta cinco antes de decir algo hiriente o malo. Después de pensarlo, ¿se les ocurre una manera mejor y más amable de decir lo que sienten? O ¿pueden, quizás, no decir nada?

Palabras que lastiman

Palabras duras y furiosas

Pregúnteles a los niños si las palabras pueden lastimar. ¿Por qué sí o por qué no? ¿Cuáles son algunas de palabras que lastiman (sobrenombres, burlas, etc.?). Conversen de lo que se siente cuando nos hacen burla, nos gritan o nos llaman con un sobrenombre pesado. También discutan lo que se siente al burlarse de los demás. ¿Nos provoca buenos o malos sentimientos? ¿Por qué?

Consejo para los adultos

Los niños escuchan lo que decimos, incluso cuando pensamos que no nos prestan atención. Es probable que escuchen cuando los adultos gritan, maldicen, chismean, crititican o usan palabras poco amables. Luego los niños tienden a imitar. Los adultos debemos esforzarnos por escoger palabras amables, cariñosas y serenas. Si nos equivocamos, podemos reconocerlo, disculparnos y explicarles a los niños que trataremos de hacerlo bien la próxima vez.

"Malas" palabras

Los niños pueden maldecir para expresar su rabia, probar los límites, o simplemente porque han escuchado estas palabras y todavía no saben los efectos que tienen. Converse acerca de lo que estas palabras producen en los demás: enojo, rabia, vergüenza, desagrado. Puede enseñarles a los niños que usar palabras inadecuadas puede traer como consecuencia un castigo como un "tiempo a solas".

Palabras agradables

Preguntas

Los niños deben aprender que la mejor manera de saber más es preguntando, ya sea cuando están confundidos acerca de algo o por simple curiosidad. Enséñeles que hacer preguntas los ayudará a aprender y a ganar confianza. Actúe situaciones en las que los niños necesiten hacer preguntas, como por ejemplo: cuando no entienden una tarea o cuando no saben las reglas de un juego.

Cumplidos

Converse acerca de lo que son los cumplidos y por qué producen una sensación de bienestar en las personas. Motive a los niños a decir un cumplido sincero a alguien, y luego a responder en forma positiva cuando ellos los reciban. Durante el día, dígale frases a los niños que los estimulen: "Me parece bien que no te des por vencido en terminar algo difícil". "Me gustan los colores alegres y brillantes de tu dibujo".

Palabras asertivas

Hable de la importancia de defenderse cuando nos dicen algo que nos lastima, así como defender a otros que también están siendo molestados. Dé ejemplos de cómo ser asertivo: "Las palabras no son para lastimar". "Heriste mis sentimientos". "Por favor no digas más esas cosas".

"Lo siento"

Los niños pequeños se encuentran en el proceso de aprender a ser responsables de sus palabras y acciones. Generalmente necesitan que los motiven a comprender sus errores y a pedir perdón cuando han hecho algo malo. Conversen acerca de la importancia de estas dos palabras: "Lo siento", cuando nos comunicamos con los demás. Explíqueles que cuando nos disculpamos, los demás se sienten bien. Cuando decimos "Lo siento" evitamos prolongar la discusión o que ésta se vuelva peor. Ayude a los niños a practicar distintas formas de disculparse: "Lo siento", "no quise decirte eso" o "¿me perdonas?". En ocasiones, dos personas que han estado peleando hacen la paz dándose la mano y un abrazo. Discutan por qué estas acciones pueden ayudar.

Palabras que ayudan

Decir "no"

Ayude a los niños a comprender que hay ocasiones en que necesitamos usar nuestra voz, nuestras palabras y nuestro lenguaje corporal para decir "no". Los niños que practican y actúan cómo decir "no", tienen más probabilidades de defenderse cuando se enfrentan a situaciones en que necesitan de la ayuda de los adultos. Deje que cada niño tenga la oportunidad de actuar y practicar situaciones de emergencia o incómodas en que deban pedir ayuda.

Recibir ayuda cuando se necesita

Explíqueles a los niños que pueden contar con la ayuda de un adulto cuando atraviesan una situación difícil. Nombre a los adultos que pueden ayudarlos: padres, abuelos, tíos, maestros, los que tienen a cargo el cuidado de los niños, etc. Ayúdelos a aprender las palabras que tienen que usar para pedir ayuda: "Me da miedo que los niños del parque me peguen. ¿Qué puedo hacer?". "En mi casa a veces gritan y pelean, y me da miedo. ¿Me puedes ayudar?".

NOTA: Si sospecha que un niño es víctima del abuso, contacte al Departamento de Asistencia Social, al Departamento de Seguridad Pública, al Departamente de Policía o a la Oficina del Fiscal del Distrito. Si enseña en una escuela privada o pública, consulte primero con el director de la escuela qué tipo de acción debe seguir.

About the Author and Illustrator

Acerca de la autora y la ilustradora

Elizabeth Verdick is the author of more than 40 highly acclaimed books for children and teenagers, including other books in the Best Behavior series for young children, the Happy Healthy Baby and Toddler Tools board book series, and the Laugh & Learn series for preteens. Elizabeth lives with her husband, daughter, son, and a houseful of pets near St. Paul, Minnesota.

Elizabeth Verdick es autora de más de 40 libros para niños y adolescentes, incluyendo otros libros de la colección *Best Behavior* para niños pequeños, la serie de libros de cartón, *Happy Healthy Baby* y *Toddler Tools* y la serie para pre-adolescentes *Laugh & Learn*. Elizabeth vive con su esposo, su hija, su hijo y varias mascotas en una casa cerca de St. Paul, Minnesota.

Marieka Heinlen launched her career as a children's book illustrator with the award-winning *Hands Are Not for Hitting*. As a freelance illustrator and designer, Marieka focuses her work on books and other materials for children, teens, parents, and teachers. She lives in St. Paul, Minnesota, with her husband, son, and daughter.

Marieka Heinlen lanzó su carrera como ilustradora de libros para niños con el libro premiado *Las manos no son para pegar*. Marieka enfoca su trabajo de ilustradora y diseñadora en libros y otros materiales para niños, adolescentes, padres y maestros. Vive en St. Paul, Minnesota, con su esposo, su hijo y su hija.